Lo que aprendí enseñando

Relatos, anécdotas y reflexiones, sobre inclusión y diversidad que transforman la mirada docente y familiar

Elia E. Rivera

Lo que aprendí enseñando: Relatos, anécdotas y reflexiones, sobre inclusión y diversidad que transforman la mirada docente y familiar

Primera Edición
Diseño de portada y maquetación: Bilal y Elizabeth Rosas

ISBN: 9-798901-961315

Sello: Independently Published

DEDICATORIA

A los padres, maestros y estudiantes que enseñan y aprenden cada día.

Que este libro acompañe sus pasos y despierte nuevas miradas en su camino educativo.

Esta obra no pretende ser un manual de procedimientos para padres y maestros; es solamente el relato personal de alguien que vivió su experiencia desde los dos puntos de vista, a veces contrarios, y que aprendió a entender la vida desde cada posición.

Si algún sentimiento me gustaría dejar en ustedes, es que maestro y padres no somos opuestos y podemos hacer más por nuestros pequeños, como equipo que en solitario.

Mucho éxito en el viaje que, a través de esta lectura, les comparto. Captura el código Qr para ver y escuchar dedicatoria.

ÍNDICE

Prólogo

Un viaje para padres, docentes y estudiantes en formación

Este libro nació del deseo de mirar la enseñanza desde otro lugar: el de la experiencia viva, la emoción y la transformación que ocurre cuando la diversidad se hace parte del aula y del hogar.

Lo que aprendí enseñando reúne relatos, anécdotas y reflexiones que invitan a detenerse, a pensar y, sobre todo, a sentir la tarea educativa como un encuentro humano antes que como un método.

Su propósito es **ofrecer una mirada inclusiva y reflexiva** sobre lo que ocurre en la práctica cotidiana: cómo cada niño, niña o joven nos enseña algo nuevo sobre la empatía, la paciencia y la posibilidad de aprender de manera diferente. No se trata solo de estrategias o teorías, sino de **experiencias reales** que ayudan a comprender cómo la diversidad enriquece y transforma.

El libro está pensado para los siguientes lectores:

Docentes, que encontrarán aquí inspiración para repensar su práctica, reconocerse en los relatos y descubrir nuevas formas de acompañar.

Familias, que podrán acercarse al mundo escolar desde la sensibilidad y la comprensión, hallando claves para fortalecer el vínculo con sus hijos e hijas.

Estudiantes o formadores, que verán en estas páginas un puente entre lo académico y lo humano, entre la reflexión y la acción.

Puede leerse de principio a fin, o bien por capítulos, según el tema o la emoción que resuene en cada momento. Cada texto busca abrir una conversación interna o colectiva:

¿Qué aprendemos cuando enseñamos?,

¿Qué transformamos cuando incluimos?,

¿Qué miradas elegimos sostener en el aula y en casa?

Porque enseñar no es solo un acto profesional, sino también un viaje personal que nos invita, día a día, a volver a mirar con el corazón.

Capítulo 1. Introducción

"Cuida, madre, a tu hijo, porque ni todas las alegrías del mundo aliviarán el corazón de una madre con un hijo enfermo".

Con este pensamiento compartido por la persona que me acompañaría gran parte de mi vida profesional, me introduje en el difícil mundo que vivían las familias de muchas partes de México en los años 70s.

La señora Irma Santana era la portavoz de un pequeño grupo de madres y padres de familia, que buscaban una mejor vida para sus pequeños con discapacidad intelectual, antes conocida como retraso mental.

Eran pocas las familias que se atrevían a sacar a sus hijos de casa, por miedo a las críticas de amigos y vecinos, ya que un niño con discapacidad era visto como "un castigo" para sus padres. Sin embargo, estas madres valientes, salieron de las sombras dispuestas a la lucha por lograr un lugar en este mundo, para sus pequeños hijos.

Ellos habían empezado con algunos niños y una maestra, en la cochera de una casa, y a la vuelta de dos años tenían ya un espacio donado que consistía en un terreno bastante grande, y un módulo con una oficina, enfermería con baño, cocina, baños para los niños y un aula de usos múltiples.

En esta primera escuela, los padres se encargaron de proveer las cosas materiales y tres maestras voluntarias, incluida yo, de impartir las clases.

Tocando puertas, haciendo eventos, empezaron las madres a cubrir las mínimas necesidades de la "Escuelita", aunadas al grupo de amigas de la Sra. Irma que crearon el Comité pro rehabilitación del niño deficiente mental y que con los años entregaría a la comunidad las primeras escuelas para niños y jóvenes con discapacidad intelectual, casi 20 años antes de que el Sistema Educativo Nacional reconociera su responsabilidad en la atención educativa de personas con discapacidad.

Por demás está decir que las 3 maestras, recién egresadas de la Escuela Normal de Educadoras, al inicio no teníamos la menor idea de lo que íbamos a hacer. Existía ya una escuela para sordos, también creada por padres de familia, y un grupo de ciegos que atendía en un consultorio la maestra Carmen Guridi.

El maestro Álvaro Mateos, director del Centro Auditivo Oral, fue el encargado de ayudarnos a organizar la escuela, y la psicóloga Clementina Córdova, voluntaria también, quien valoraba a los niños para su ingreso.

De esta manera, al lado de gente amorosa y tenaz, encontré mi vocación y tuve la gran suerte de estar y ser testigo de los cimientos de la educación especial en Baja California.

Esa época ha sido una de las mejores de mi vida. Nosotros tuvimos la oportunidad de idear los programas consideramos que requerían nuestros niños.

Con el objeto de "normalizarlos", como se decía en esa época, los llevábamos a muchas partes, desde neverías, restaurantes, cruzar calles en los semáforos, ir a mercados; hacíamos desfiles por las calles cercanas y otras cuantas locuras, producto de nuestra ignorancia y mucha fe en el Creador.

También en esa época, el que sería mi esposo, con el tiempo, ideó una parcela escolar como las que se trabajaban en las escuelas primarias rurales del país, con ayuda de los alumnos mayores. Preparaban la tierra, hacían los surcos y sembraban diferentes vegetales como zanahorias, cilantro, rábanos y otros con los que después hacían manojos y salían por el fraccionamiento a venderlos casa por casa.

Los vecinos que ya nos conocían siempre colaboraron con nosotros y los niños juntaban el producto de sus ventas y ahorraban para ir a comer al primer McDonald's que hubo en Mexicali, Baja California, México.

En ese tiempo, a mí me asignaron el grupo de escolares, niños de 9 a 13 años, que habían fracasado en sus escuelas y canalizados a nosotros.

Una de las niñas a quien nunca he olvidado era una pequeña con PCI (parálisis cerebral infantil), con gran personalidad, que encantaba a todos quienes la conocimos.

Mireya tenía un lenguaje oral a veces incomprensible y caminaba con dificultad, pero ella no se inmutaba y solía reírse de ella misma y de nosotros si no le entendíamos.

Como parte de mis intentos por enseñarles a leer, solía combinar dibujos con palabras cortas y ese tipo de ejercicios que les facilitaran la lectura.

Un día escribí una receta en el pizarrón para que la copiaran, mostraran en su casa y cada uno trajera ingredientes para elaborar dicha receta en la escuela. Y escribí "enchiladas de pollo". Entonces escuché la voz de Mireya diciendo: ¡¡Enchiladas, mhhhh, me encantan! Mi primera alumna que aprendió a leer.

En esas épocas, durante el sexenio del presidente Echeverría, a través del DIF se empezaron a otorgar becas en todo el país para fomentar el apoyo a los niños con alguna discapacidad, y tuvimos la suerte de irnos a estudiar con dichas becas a la Ciudad de México.

Así pasaron algunos años. La "Escuelita" se convirtió en el Centro de Educación Especial # 1 reconocido en el noroeste del país como uno de los mejores.
Para ese tiempo contábamos ya con 10 aulas y se atendían niños desde edad preescolar hasta la adolescencia.

Imágenes de algunas escenas de aquella primera Escuela y de nuestros hermosos grupos.

Imágenes de actividades culturales.

En el siguiente código Qr podrás visualizar las imágenes mostradas de algunas actividades que se celebraban.

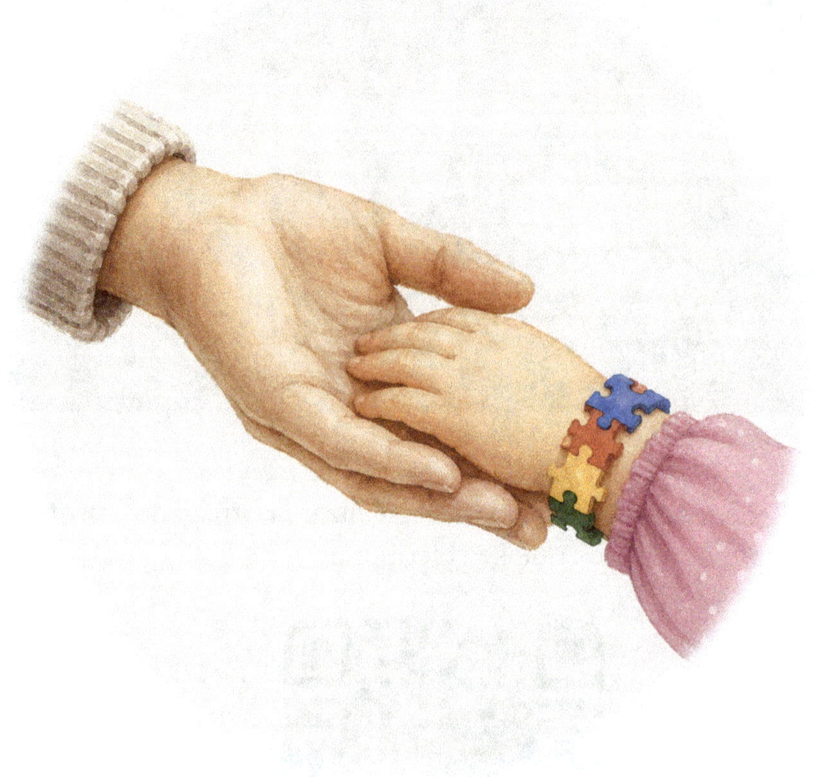

Capítulo 2. La importancia de la atención temprana: *estrategias para familias, docentes y profesionales*

Habían pasado casi 10 años desde mis inicios en educación especial. Casada y con dos hermosas hijas de 5 y 3 años, quedé embarazada nuevamente. Mi embarazo, a diferencia de los anteriores, estuvo lleno de malestares y a los 6 meses de gestación nace mi tercera hija con apenas 1 kg 500 de peso.

Era tan pequeña que sus piernas tenían la misma longitud que mi dedo pulgar, con problemas respiratorios y cardíacos, llena de tubos instalados en su cuerpo, tuvo que ser alimentada por sonda y permanecer en incubadora por más de 2 meses.

En ese tiempo mi esposo, que estaba estudiando medicina, hacía su internado en el Hospital General de la ciudad y hasta ahí trasladamos a nuestra hija en una ambulancia desde el Instituto de Seguridad Social para trabajadores del Estado, que estaba solo a unos pasos con el miedo que en el traslado pudiera sufrir una infección o un paro respiratorio y morir y yo me regresé sola a mi casa sin mi niña, sintiendo por primera vez ese dolor que muchas madres me narraban al hacerles su primera entrevista.

En el hospital, los médicos maestros y compañeros de mi esposo se solidarizaron y turnaron para vigilar día y noche y no permitir que un paro respiratorio dañara su pequeño cerebro y, aunque las condiciones fueron dadas para que mi hija tuviera la mejor atención posible, el miedo que nos embargaba era constante.

Después de 3 meses internada y solo con 2 kg 500 de peso, su médico especialista decidió que nos la lleváramos a casa por el riesgo de una infección, pues en el tiempo que estuvo alimentada por sonda, había perdido su instinto de mamar y su estancia en el hospital empezó a generar más riesgos que beneficios.

Poco a poco nuestra pequeña Anel fue creciendo.

Cuando cumplió su primer año, hicimos un festejo para celebrarlo e invitamos a familiares, amigos, vecinos, compañeros, médicos que habían puesto su empeño en mantener con vida a nuestra hija.

Un recuerdo muy bello que nos queda es que, en la Escuela de Medicina, hicieron para nosotros un periódico mural con la foto de la niña y un pensamiento que decía más o menos lo siguiente: *lo que podemos lograr con esfuerzo y dedicación.*

Conforme la niña empezó a crecer, nos dimos cuenta de que su lado derecho tenía menos movilidad que el izquierdo y que los paros respiratorios que había sufrido habían dejado secuelas.

Al tiempo nos confirmaron que ella tenía parálisis cerebral infantil y posteriormente nos dimos cuenta de que padecía sordera.

En ese tiempo yo ya era directora de la escuela y mi esposo médico y nos hicimos el propósito de empezar con la atención de nuestra hija de forma temprana, ya que en la capital del país y en algunas otras partes del mundo se empezaba a hablar de la importancia de la intervención temprana en la atención a niños con posible daño neurológico, Él investigaría los programas existentes y yo me daría la tarea de buscar los espacios que nos permitieran empezar con un programa de ***intervención temprana*** que ayudara a bebés como nuestra hija a mejorar su potencial de desarrollo con una atención especializada.

Acudí como muchas otras veces a mis queridas Damas del Comité pro rehabilitación del niño deficiente mental, que ya para ese tiempo nos habían terminado de construir el centro de rehabilitación para niños deficientes mentales, y que atendía preescolar y primaria especial.

Ellas sabían la dura situación que como familia habíamos pasado y con gusto accedieron a facilitar un aula y una auxiliar de grupo y mi esposo se encargaría de iniciar el programa.

Empezamos con 3 niños y para el siguiente ciclo escolar contábamos ya con dos grupos, un inicial de bebés y otro con pequeños que ya podían caminar hasta los 4 años.

Muy grande fue el esfuerzo de estas damas que, sin tener dentro de su familia un niño con discapacidad, buscaron nuevamente donativos en la calle, haciendo eventos con sus familias y amigos, y consiguieron que el Gobierno del Estado nos donara un terreno en un lugar con un buen acceso de transporte para facilitar la llegada de los padres con sus pequeños.

El Centro de Intervención Temprana se inauguró unos años después.

Mi niña, al terminar su primera etapa dentro de aquel primer grupo, pudo ser valorada y se determinó que podía acudir al jardín de niños regular.

Solo una madre podría entenderme si les digo que, aunque sentí en cierta forma un alivio, también mucho miedo de que mi hija en el futuro hubiera de recorrer una parte de su vida sola fuera del ambiente de amor y protección que todos mis compañeros, maestros, especialistas, personal y nosotros mismos le brindábamos en esta etapa de su vida.

Pero siempre llevaré en mi memoria a aquellos jóvenes médicos acompañados de mi esposo en la universidad, a las hermosas señoras del Comité de Damas, que movieron el cielo y la tierra por los niños, a las primeras maestras de mi hija, Sylvia y Martha, al profesor Álvaro Mateos, que adaptó sus aparatos auditivos para que ella escuchara mejor, a su maestra Gaby del jardín de niños y a todos los que la apoyaron hasta que terminó su carrera como trabajadora social.

A continuación, te comparto su desarrollo.

Formación Escolar

Formación Escolar

Desempeño Laboral de mi hija Anel Cristina

Desempeño Laboral de mi hija Anel Cristina

Fotografía 5: Graduación con el grado de licenciatura en trabajo social de mi hija Anel Cristina, primera persona parada del lado izquierdo.

No me cabe duda de que todas las circunstancias nos hicieron una familia muy afortunada y agradezco a la vida por eso; sin embargo, no debemos quedarnos con los brazos cruzados si las condiciones no están a nuestro favor en estos momentos.

Siempre encontraremos el apoyo si lo buscamos, y las redes se han ido extendiendo en muchos lugares del planeta para recibir a nuestros hijos y darles una buena atención.

Mucha gente estamos empeñados en esa tarea.

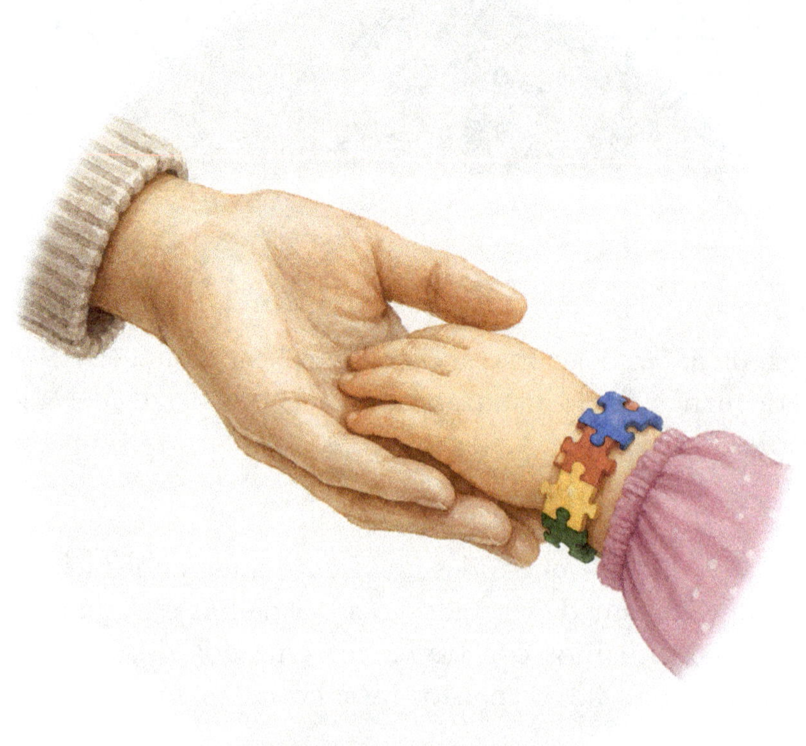

Capítulo 3. El impacto del trabajo colaborativo: *Claves para padres y docentes*

Tras algunos años, en el centro de intervención temprana en el sistema federal, fui ascendida como directora y, al tiempo de renunciar a mi plaza y reincorporarme al sistema educativo estatal de tiempo completo, me ofrecieron empezar de nuevo. Me proporcionaron parte del personal y sólo eso; el sistema educativo no contaba con recursos, pero nos daba la bienvenida para lo que pudiéramos implementar.

Me otorgaron dos maestras, a quienes conocía muy bien porque habían sido compañeras de trabajo y amigas, una psicóloga, una secretaria, una terapista de lenguaje que conocía desde estudiante, dos trabajadoras sociales, y, posteriormente, un terapista físico y una auxiliar de grupo.

Al poco tiempo reconocí que tenía un excelente personal, no solo como profesionistas, sino también como seres humanos a los que siempre estaré sumamente agradecida, pues dedicaron todo su tiempo libre a buscar y encontrar lo básico para iniciar en un espacio propio y que nuestros nuevos alumnos y nosotros lo pudiéramos sentir como nuestra segunda casa, ya que hasta entonces habíamos estado laborando en espacios prestados.

Gracias a mis compañeros directores por ese gesto solidario.

Desde aquí quiero volver a agradecer a mis compañeras todo su esfuerzo y paciencia. Nuestra flamante trabajadora social, Rosario Martínez, localizó un pequeño terreno en forma triangular en una zona que, según su diagnóstico, tenía "mucho potencial", ya que en ese tiempo era una zona muy poblada, pero con poca urbanización. Consiguió el permiso del Gobierno del Estado para instalarnos ahí y una casa móvil que "alguien" descubrió abandonada en el Valle de Mexicali y en muy buenas condiciones. Preguntando, nos enteramos de que esa casa móvil había sido oficinas de BBVA Bancomer, que habían desalojado cuando hicieron un banco.

Como ya se imaginan, corrimos de nuevo al Comité de Damas y ellas hablaron con encargados del banco, y lo recibieron en donación antes de transportarlo a su nuevo espacio.
El móvil contaba con dos buenos aparatos de refrigeración, dos baños, una oficina, una cocineta y espacio razonable para dos aulas.

Decirlo así parece tan fácil, pero realmente fue trabajo arduo y constante de todos los involucrados hasta conseguir armarlo, instalarlo, pintarlo, cercarlo y un largo etcétera. Pero por fin, un día pudimos ver nuestra escuelita llena de pequeños acompañados de sus madres, sentados en su silla y apoyados en mesas, donadas por otras escuelas solidarias.

El programa pedagógico en general era el mismo que en el Centro Federal; sin embargo, en nuestro proyecto estatal hicimos cambios a nivel organizativo, que a continuación se esbozan, intentando dar un enfoque de atención "más integrado".

La propuesta de un centro de intervención temprana organizada en pequeñas unidades distribuidas en puntos estratégicos, atendiendo de 15 a 20 niños en lugar de un gran centro que atienda de 80 a 100 niños, nace de la idea organizativa de los grupos integrados que pretende no desubicar al niño de su realidad social, también de las experiencias de desinstitucionalización, que consiste en la transformación de instituciones altamente concentradas y centralizadas y convertirlas en instituciones de "tamaño humano", integradas a la Comunidad (proyecto del Centro de Intervenciones temprana estatal de 1992).

Fotografía de derecha a izquierda: *Sra Francisca Derbez, Mtra. Elia E. Rivera (servidora) y pequeños del Centro.*

Yo había tenido muy buena experiencia con los servicios médicos gubernamentales por el caso de mi hija y tenía que reconocer que nuestros niños, por su condición, requerían una valoración médica previa al ingreso escolar que sus padres rara vez podían pagar y que nos orientara sobre el tipo de manejo que podríamos brindarles sin riesgo para su salud.

Recordando la estructura de los grupos integrados que se manejaban en ese tiempo en el país, de grupos dentro de la escuela regular de niños de educación especial, empezamos a pensar en espacios ya existentes que pudieran estar interesados en colaborar con nosotros.

Decidimos entonces hacer un proyecto donde los servicios de salud y el sistema educativo trabajaran de manera conjunta con niños de alto riesgo o daño neurológico de forma preventiva y temprana.

Ellos detectarían y harían los estudios necesarios y comunicarían al director del centro a través de su coordinador, trabajador social, para iniciar el contacto con los padres. Se anexan concentrados del proyecto de módulo del ciclo escolar 91-92.

En este ciclo escolar se empezó a trabajar una vez por semana con un equipo nuestro en el primer módulo de educación especial dentro del Hospital General de Mexicali, Baja California.

El Hospital General nos proporcionó un pasillo y un pequeño almacén donde podíamos guardar nuestro equipo de trabajo. Acudimos, la trabajadora social que era el enlace, el terapista físico, la terapista de lenguaje y yo, maestra especialista.

Una vez por semana poníamos colchonetas, trabajábamos en el piso en compañía de los padres con los niños que habían sido valorados y les dábamos un programa para casa, y cita abierta para su próxima valoración en el hospital.

Estos programas, me honro en reconocerlo, favorecieron a muchos centros de educación especial que incorporaron dentro de sus aulas espacios de intervención temprana con alumnos canalizados por nuestros equipos.

Desde ese servicio hospitalario, poco a poco fuimos ganándonos el respeto del personal y actualmente se cuenta ya con espacios asignados para nuestro programa totalmente equipados por el Hospital General.

También acudimos al IMSS clínica 31, presentándoles el mismo proyecto donde actualmente se encuentran dos módulos con espacios asignados y equipados en dos turnos y en el que el IMSS nos incluye como parte del equipo en su programa anual de trabajo a nivel nacional.

Como ya lo mencioné antes, el proyecto consistía en hacer pequeños centros cercanos a las viviendas de nuestros niños, de tal manera que su acceso fuera fácil y que además involucrara a las madres, que en lo posible estarían presentes para conocer y auxiliar en caso necesario a la maestra de grupo.

De esta manera, los niños reproducirían las conductas deseadas en la casa, ya que sus madres sabían exactamente en qué consistía el programa que la maestra, el terapista físico y la maestra de lenguaje estaban trabajando en el aula.

Como esta interacción de madres y escuela podría resultar en ocasiones algo invasiva, dado que las aulas eran pequeñas, se nos ocurrió implementar aleatoriamente actividades manuales con las madres que les dieran un tiempo de relajación, de interacción entre ellas y que terminó siendo beneficioso, ya que algunas aprendieron a elaborar cosas sencillas que luego ponemos a la venta entre sus familiares.

Esta actividad estaba a cargo de la trabajadora social Ivonne, que resultó tener una gran habilidad para estos menesteres y de verdad era un gusto ver a las jóvenes mamás disfrutando de sus actividades y de alguna plática que Ivonne organizaba para ellas.

De esa manera y con nuestro pequeño centro ya completo, Chayito, que era la coordinadora de módulos, se dio a la tarea de buscar un nuevo espacio para recibir a los pequeños de la zona. Y como el que busca encuentra, ella se conectó con el sacerdote de la zona y, platicándole de nuestros proyectos, consiguió un espacio donado por la Iglesia para hacer un nuevo módulo al que llamamos el CIPRES, por la ubicación en la colonia que lleva ese mismo nombre.

Anexo algunas partes del proyecto que se hizo para los módulos, así como algunas gráficas de su funcionamiento en el tiempo que yo tuve el orgullo de estar como directora.

Agradezco muy especialmente a mi compañera y amiga trabajadora social Rosario Martínez por haberme facilitado el proyecto de módulos que ella elaboró y facilitarme para su presentación en este libro.

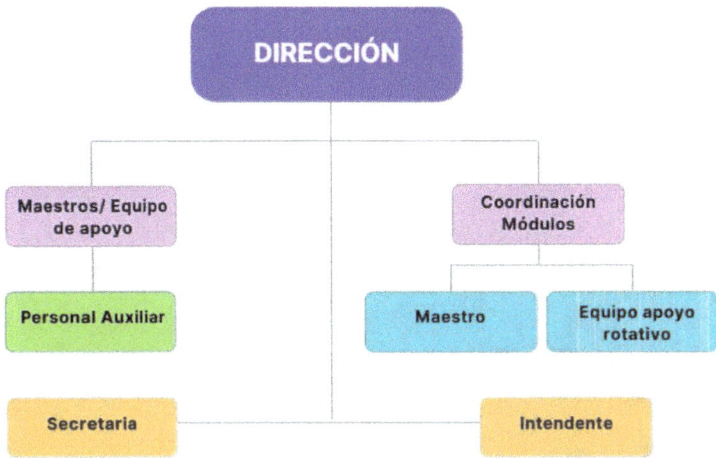

Diseño propio. - Organigrama de atención en los módulos de intervención temprana.

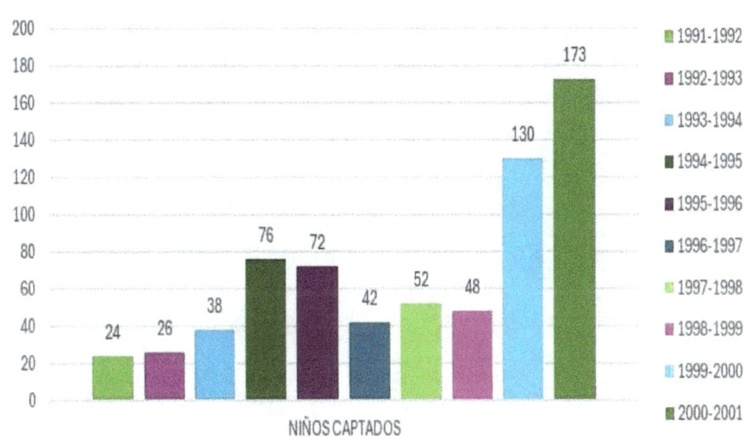

Imagen: Reporte de niños atendidos de 1991 al 2001.

Capítulo 4. Adaptaciones que abren puertas más allá de lo académico:

Sugerencias para padres y maestros

Siendo maestra en el centro de intervención temprana del sistema educativo federal, tuve a mi cargo el grupo de bebés que acudían 2 horas diarias de lunes a viernes, acompañados generalmente de sus mamás.

Mi aula se caracterizaba por risas, juguetes tirados y música de fondo, y mamás ocupadas con sus bebés o los ajenos trabajando en un pequeño espacio con espejos o sentadas en el piso, conversando bajo. Y empezó a hacerse frecuente visitante un pequeño de 3 a 4 años que acudía con su mamá a otro grupo de niños mayores; era un hermoso niño de mirada angelical que buscaba exclusivamente un tipo de juguetes que giraban, muy característicos del gusto de los niños autistas.

Como José permanecía poco tiempo en su aula y le gustaba visitarnos frecuentemente, su mamá y nosotros empezamos a conocernos y aceptarlos como parte del grupo.

Los padres de José eran una familia de recursos económicos, profesionistas los dos, que buscaban dar atención especializada a su hijo en una época en que el autismo estaba considerado; aparecía entre 1 o 2 casos cada 10,000 personas.

Después de algún tiempo de conocernos y congeniar bastante, Cristina, su mamá, me invitó a participar en un programa que se estaba preparando para José, desde la Universidad de California (UCLA) para niños con autismo y que fue creado por el doctor Ivar Lovaas.

Este era un programa experimental que trabajaba dos aspectos: El análisis conductual y la modificación de conducta. Era INTENSIVO, PROGRESIVO Y PERSONALIZADO; sin pensarlo dos veces, le dije que sí.

Gracias a mis hijas y a su padre por su paciencia, pude entrar en el mundo de las personas autistas y sus familiares, con una herramienta que, a mi modo de ver, sigue siendo muy útil para preparar a los niños previamente a su ingreso a la escuela regular y a la inclusión social.

Este programa llenó mucho mis expectativas, ya que yo había sido estudiante en el tiempo en que las técnicas de modificación de conducta eran la forma casi obligada en la atención de niños con discapacidad intelectual, que es mi especialidad.

Josecito a esa edad no tenía vocabulario espontáneo. Podía hablar, pero solo repetir las preguntas que le hacíamos... ¿Cómo te llamas? Preguntamos, y él respondía: "¿Cómo te llamas?", y así podíamos pasar horas.
Tampoco aceptaba que lo tocáramos y no nos miraba a los ojos; para él solo existían los objetos, sobre todo si giraban.
Sin embargo, en poco tiempo descubrimos que podía recordar datos que había escuchado solo una vez.
Que podía hacer operaciones mentalmente y le fascinaban los mapas.

Aprendió a comunicarse, a entender conceptos como arriba, abajo, reconocer los colores, obedecer órdenes, etcétera, y por fin un día, sin que nadie se lo indicara, se acercó a mí y se sentó en mis piernas para trabajar. Fue la primera vez que nos tocamos.
Cristina, su madre y yo, al final de la clase nos abrazamos; habíamos recorrido un largo camino.

Como parte del programa, una asesora venía a la ciudad o nosotros nos trasladábamos a la ciudad de Los Ángeles, California, donde el doctor Lovaa supervisaba nuestro trabajo frente al niño; por demás está decir que nunca necesitamos un mapa para llegar. José nos guiaba sin cometer ningún error.

Parte del programa consistió en preparar a José para su entrada al jardín de niños regular, en las condiciones más favorables posibles.

Aprendió a contestar, a decir su nombre, levantar la mano para pedir permiso de ir al baño, tomar el lápiz, colorear y un largo etcétera.

Mis hijas, sobrinas y vecinos colaboraban con gusto cuando José aprendió a formarse en una fila, a sentarse en su mesabanco, a esperar su turno, a decir presente y esas cosas que se aprenden en la escuela. Algo que fue muy especial para mis hijas es que, por fin, entendieron qué tanto hacía su mamá después de terminar sus clases.

Cuando José entró a la escuela, su comportamiento era muy similar al de sus compañeros y pudo, con poca ayuda, terminar su educación básica, media y continuar la educación superior y llegar a su vida adulta.

Recordé una anécdota en el caso de José, que me hizo sonreír con nostalgia.

Después de muchos años de no verlo, me encontré con él haciendo fila en el banco cercano a mi casa.
José estaba un poco atrás de mí, me reconoció y se acercó a saludarme.

Probablemente estaba ya iniciando su carrera de ingeniero; platicamos un rato y él volvió a su lugar.
De pronto me di cuenta de que necesitaba un calendario para poder indicarle a la cajera la fecha exacta en la que ocupaba regresar y no lo encontré en mi cartera.

Entonces recordé que una de las habilidades de José cuando era pequeño era poder descifrar en qué día caía cualquier fecha que tú le pidieras

¿En qué día caerá mi cumpleaños cuando cumpla X? —solía preguntarle. Y en un instante me tenía la respuesta y así cualquier situación de ese tipo; recordaba los cumpleaños de mis hijas y de otras personas con solo mencionarlos una vez, aunque no los conociera, y muchas cosas que son frecuentes en algunos casos de autismo.

Entonces, sin pensarlo dos veces, me volteé y pregunté en voz alta.

— ¿Cuándo empiezan las vacaciones de Semana Santa este año?, — soltó una carcajada que se oyó en todo el local y me dijo: "Por tu culpa ya no puedo hacer esas cosas. Hubo un silencio en el local, pero solo él y yo seguimos riendo.

Él sigue siendo una persona con autismo, pero el entrenamiento previo y la ayuda de casa le facilitaron el no ser estigmatizado por sus compañeritos y facilitaron su pase por la escuela regular con mucho menos problemas.

Claramente, todos quienes nos dedicamos a enseñar cometemos muchos errores en el camino, pero es sano no sentirnos totalmente responsables si las cosas en algún momento no salen bien; es normal, es natural.

Cada individuo es diferente y por eso es importante planear como equipo el camino de nuestro educando, observar y regresar si es necesario, y en ese trabajo del equipo, el papel de los padres es fundamental.

Capítulo 5. Estrategias prácticas en casa que acompañan el aprendizaje y la autoestima del menor

Como la mayoría de las madres de esta época, en la que compartimos el trabajo como amas de casa, esposas y madres, y además trabajamos fuera del hogar muchas veces en horarios agotadores, nos vemos en la necesidad de involucrar a nuestras familias para cumplir lo mejor posible con el rol de madres y primeras educadoras de nuestros hijos.

Sin embargo, en mi caso, cuando yo vuelvo hacia el pasado y veo los pros y contras de mi vida en familia, encuentro que el hecho de que mis hijas hayan influido en la vida de su hermanita fuera de mi instinto protector de madre fue afortunado.

Y no. No les estoy sugiriendo que dejen la educación de sus hijos en manos de otros pequeños. Es que justamente los estamos poniendo en un plano donde ellos pueden empezar a resolver sus problemas y a buscar soluciones sin nuestra intervención.

Las actividades colaborativas de la casa pueden ser prácticas que mejorarán su memoria, su coordinación fina, seguimiento de órdenes, ampliación de su vocabulario y capacidad de concluir trabajos, que en su escuela primaria o jardín de niños le será muy útil.

Recordemos que estos "juegos" deben ser sencillos e irlos complicando conforme el niño avance en comprensión y resistencia.

La parte de la higiene también es importante. Por la higiene en sí, pero también socialmente.

Entonces, que él pueda lavar sus dientes, sus manos, ir al baño solo y dejar el baño limpio y sus utensilios guardados, también será muy útil cuando vaya a la escuela y tenga que sacar y guardar sus cuadernos dentro de su mochila e ir al baño escolar.

Una rutina que yo hacía con mis hijas era jugar a la escuelita cuando hacían la tarea. Sobre todo, en vacaciones.

Entonces, se formaban, contestaban presente cuando les pasaba "lista", levantaban la mano para pedir permiso o preguntar, etcétera, etcétera.

Una de mis primeras recomendaciones: no los aparten del grupo de pequeños con los que pueden convivir.

De ellos aprenderán a mejorar su vocabulario, a defender sus puntos de vista, a demostrarles que pueden ser parte del grupo, a sobreponerse a sus frustraciones, a ceder en algunos casos y todas esas fortalezas que les servirán más adelante en la convivencia social.

Ante nuestros hijos mayores o familiares, mostrar actitudes de respeto y comedimiento con nuestro niño especial, intentando con el ejemplo que ellos repliquen estas conductas en ambientes donde no estemos presentes.

También debe practicar a ponerse y quitarse el abrigo, subirse y bajarse la ropa al ir al baño y todas las actividades que socialmente hacen los niños en la escuela. Ese será un paso importante para que nuestro niño no sea visto con extrañeza por sus nuevos compañeritos.

Decir su nombre, el de sus papás, en qué año va escolarmente, cuál es su salón de clases, etc.

Cuando empezamos a trabajar con ellos, podemos darles un reforzamiento para su conducta. "Muy bien", un aplauso, un abrazo e irlo retirando cuando ya lo logren hacer con éxito.
Muy antiguo, pero siempre funciona.

Con respecto al nivel educativo que nuestro niño debe llevar a su nueva aula, es deseable que sea muy similar al de sus compañeros. Eso podemos platicar con la maestra si necesitamos también reforzarlo en casa.

Buscando información sobre Inclusión educativa, encontré en redes sociales como YouTube y otras, un gran número de videos muy interesantes sobre este tema.

Les recomiendo que los vean, ya que en ellos encontrarán muchos consejos y recomendaciones sobre cómo ayudar a los niños para enfrentar con éxito este puente entre la educación especial y la escuela regular.

Capítulo 6. Autonomía y autoestima: fomentar la independencia con amor. *Estrategias para padres y docentes*

Cuando nuestros alumnos cursaban sus últimos años de primaria especial y empezaban su adolescencia, buscábamos para ellos actividades tipo taller que los prepararan para la vida.

Algunos de ellos habían trabajado con éxito el grabado con pirógrafo, que son punzones eléctricos con los que decoraban cuadros hechos en madera; también clavaban, serruchaban con alguna destreza, pintaban con brocha, etcétera. Sin embargo, los había también más torpes o más jóvenes.

Como el dinero escaseaba y ni los padres ni la escuela podíamos cubrir mucho gasto de materiales, pensamos en enseñar a los alumnos cosas prácticas como lavar autos, una actividad sencilla pero útil que incluso podía traerles beneficio económico en el futuro.

En esta actividad podían estar jóvenes con más capacidad y otros que apenas se iniciaran con las actividades propias de un taller.

Los maestros del grupo y personal "voluntariamente" prestaban sus carros para dichas prácticas, no todos con el entusiasmo debido, así que me tocaba a mí como directora dar el ejemplo de solidaridad y confianza a los alumnos y colaborar, prestando mi auto para ser lavado por el entusiasta grupo acompañado de un maestro y una auxiliar.

Un día, después de meses de estar trabajando en esta actividad, llega un grupito de jóvenes a la dirección de la escuela, donde tenía yo una junta de padres, y me piden las llaves de mi carro porque ya estaba ahí el maestro y querían empezar el taller.

Por no dejar el tema que estábamos tratando, metí mi mano al cajón del escritorio, entregué las llaves y seguí tratando el tema concentrada en la reunión.

Solo habían pasado unos minutos cuando escucho mucha algarabía en la calle y me asomo por la ventana; casi me desmayo al ver mi carro pasar por enfrente de mi oficina lleno de jóvenes gritando desaforados y el maestro y la auxiliar corriendo atrás de ellos.

En un segundo me vi frente a las autoridades tratando de justificar cómo diantres los alumnos tenían las llaves de mi carro. Me volteé con la tranquilidad que pude y seguí mi reunión, ya que frente a mí estaba nada menos que la asociación de padres de familia.

Cuando los padres salieron, todo estaba tranquilo, menos yo.

El maestro, más calmado, me explicó que quien prendió el auto y lo arrancó era uno de los jóvenes más grandes que, en su casa, su tío le había enseñado a manejar. Que se habían retornado en una pequeña glorieta que estaba a unos 50 metros de la escuela; resultado, saldo blanco.

Pero entonces pensé que regañar o castigar a aquel estudiante que estaba convirtiéndose en un joven adulto, mostrando a sus compañeros que podía hacer cosas como cualquier joven, sería avergonzarlo y tal vez inhibir su autoestima y su deseo de seguir creciendo.

Todo aprendizaje lleva un riesgo, pensé, y todos en ese momento cometimos errores que había que visualizar, pero de hecho tendríamos que sacar lo mejor de esa experiencia.

Nos fuimos Sergio (el joven) y yo caminando juntos a la dirección, platicando, expresando nuestros miedos, llegando a acuerdos.

Él me contó que su tío estaba por llevarlo a sacar su licencia de manejo y muchas cosas más de su vida y sus planes.

Y puedo decir que a partir de ese episodio yo lo veía entrar a la escuela con un paso más erguido, saludaba con su cabeza y seguía caminando hacia su salón.

Aún me lo encuentro por ahí y me saluda con cariño: ya no soy la maestra, ahora soy simplemente Elia, pero dicho con afecto, y yo lo saludo como un amigo más por esa lección que me enseñó aquel día.

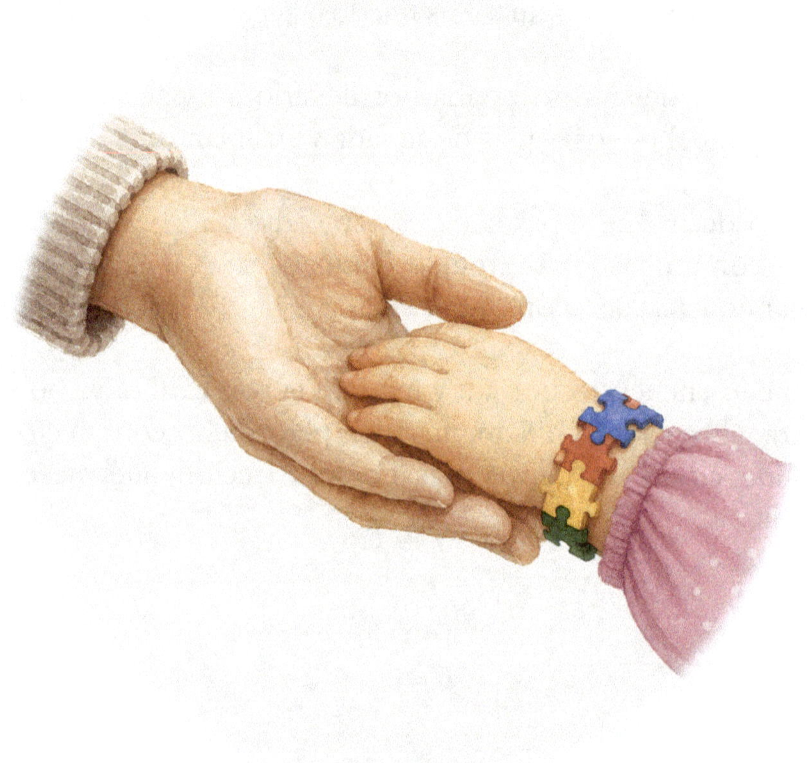

Capítulo 7. Aprender a enseñar.

Sugerencias que podrían mejorar la inclusión de un niño neurodivergente en la escuela regular.

Cuando mis hijas mayores estaban en sus últimos años de la escuela primaria, se negaron rotundamente a seguir pasando las tardes en mi escuela de trabajo, y me prometieron que iban a cuidar a su hermana y a portarse muy bien y ayudando, si las dejaba quedarse en casa.

Yo no tenía otra opción; era difícil encontrar ayudantes del hogar que permanecieran mucho tiempo y continuamente se iban para no regresar. Decidimos darles esa oportunidad; su padre y yo iríamos cuando fuera posible a "darles una vuelta" y ellas me llamarían por teléfono si hubiera necesidad.

Decir que mis hijas sobreprotegían a su hermana sería mentir. La pequeña, aún con sus dificultades de movimiento, "tenia" que cubrir el mismo rol que las otras. Las tareas eran sacudir, o recoger su cuarto o barrer. Y aunque yo les explicaba que barrer con una sola mano era muy difícil, las mayores no aceptaban mis reglas. "Todas por igual", me decían y mi hija pequeña estaba del lado de sus hermanas.

"Yo sí puedo", me repetía la pequeña también, y yo me iba a mi trabajo con el corazón apretado.

La familia es un pequeño ejemplo de lo que nuestros niños vivirán fuera de las cuatro paredes del hogar.

Dejar que ellas llegaran a acuerdos y los respetaran dejándome fuera es algo de lo que no me arrepiento.

Anel aprendió a abrocharse las agujetas de sus zapatos, ayudada con su boca, a peinarse, a preparar comidas sencillas y después a llegar a sitios en autobús, hacer trámites, a manejar un carro, todo a partir de que sus hermanas, primos y amigos siempre la vieron como una más del grupo.

Siempre recordaré el día en que, después de muchos años, volví a ver a mi vecina, que había dejado de tratar cuando pusimos una barda que separa las dos casas.

Después de abrazarnos y preguntar por sus hijos, ella me comentó. "Pero tus hijas sí que eran tremendas". —"¿Mis hijas?" dije yo. "Sí, recuerdo que se subían y caminaban por toda la barda con todo y Anel, que traía su aparato ortopédico".

Cuando llegué a mi casa, Paty iba saliendo a la escuela de Medicina y yo, fúrica por lo que me habían contado, ¡empecé a regañarla…! Ay, mamá, me dijo, ¡eso fue hace años!

Así las cosas.

Entonces, si el equipo de apoyo de la escuela nos dice que "probablemente nuestro hijo podrá ir el próximo año a la escuela regular", ¿qué es lo que nos toca como padres hacer para facilitar ese cambio?

En principio, revisar si las conductas sociales de nuestro niño están de acuerdo a su edad cronológica. Pedir al equipo de apoyo recomendaciones y colaborar en casa para que estas condiciones se den:

¿Obedece órdenes? ¿Pide permiso para ir al baño? ¿Puede pedir ayuda si necesita algo o alguien le molesta? ¿Sabe esperar su turno? Sabe, ¿cómo se llama?, ¿cuántos años tiene?, ¿cómo se llaman sus padres? ¿Permanece en una actividad hasta terminarla o hasta que un mayor le diga? En estos y otros puntos que el maestro de la escuela especial nos recomiende, los padres podemos ir trabajando en casa, con ayuda de la familia, de tal manera que al ingresar a la nueva escuela no sea un caos para él.

"Hacerlo poco a poco sin querer empezar una semana antes de que el niño ingrese a la escuela sería lo más deseable".
La escuela primaria debería tener capacitaciones previas al ingreso de los alumnos integrados, con TODO el personal, y todos deben estar dispuestos a colaborar.

Desde el director hasta el intendente y el personal de limpieza.

No es deseable que sea el maestro solo el que se haga cargo de él o los niños integrados aparte de sus alumnos regulares.

Cuando el niño ingresa, el equipo de USAER (Unidad de Servicios de Apoyo a la Educación Regular), ya debería conocer su expediente y haber trabajado con el maestro para que puedan ir tomando decisiones acerca de su trabajo en equipo y qué hacer si hay un inconveniente en el aula.

Ese puente entre la escuela primaria y la Escuela Especial debería estar tan bien "aceitado" que evite que en lo posible nuestro nuevo alumno fracase.

A continuación, les comparto la experiencia que tuvieron en un centro CAM (Centro de Atención Múltiple), cuando las autoridades dieron la indicación de ingresar a sus grupos de alumnos con espectro autista.

La directora de ese centro, que había sido mi compañera en intervención temprana, se presentó ante las autoridades educativas con la siguiente propuesta.

Ellos recibirían a los niños después de que su personal hubiera tomado una capacitación específicamente en la atención de niños autistas. Las autoridades educativas aceptaron.
El tiempo de capacitación fue alrededor de cuatro meses y, cuando los alumnos fueron recibidos, ya los maestros estaban preparados para que su inserción escolar se diera de una manera más relajada.

Esto determino que, en un lapso más corto, los niños recién egresados pudieran incorporarse al programa de sus compañeros del CAM en el aprendizaje de la lectoescritura.

Capítulo 8. Descubriendo el potencial más allá de diagnósticos y etiquetas.

Herramientas para familias y docentes

En el Centro de Intervención Temprana, llegó a mi aula una hermosa niña de 6 años, llamada Suelem, que sobrepasaba en edad al resto del grupo.

Su diagnóstico era de discapacidad intelectual por parálisis cerebral (daño neuromotor). Totalmente espástica, no se comunicaba verbalmente, pero en sus grandes ojos se podía intuir un alma luchadora y su sonrisa siempre presente cautivaba a todos quienes la conocimos. Su mamá era muy joven, animosa y siempre presente.

En mi aula siempre había una cafetera o té, para quien deseara conversar, llorar, contar chistes o lo que fuera, que sirviera como escape al difícil día a día de las madres, y a la vez me orientara sobre la vida en el hogar de "mis niños"; de esa manera todos nos conocíamos más allá del simple saludo y nos llegamos a tratar tan cercanamente, que, a muchos de estos pequeños, y sus familias, seguía viéndolos después cuando ya fueron mayores de edad.

Una de las actividades que Suelem disfrutaba era que la meciera boca abajo sobre un cilindro acolchado que teníamos para que los niños pudieran ir relajando sus músculos antes de su terapia.

Y en esa actividad estábamos su mamá y yo cuando ella me comentó que Suelem podía identificar colores con la mirada.

Entonces recordé que, a mi hija mayor, entre su padre y yo, la adentramos de pequeña en el reconocimiento de palabras con un método que fue muy famoso en esa época y que se llamaba "Enseñando a leer a tu bebé".

Entre la mamá y yo armamos un fichero con palabras cortas y recortes de revistas relacionados, y Suelem nos sorprendía día a día con sus nuevos aprendizajes.

El éxito que logramos con ella no solo motivó más a sus padres, sino que dio nuevos bríos a otras mamás, desesperanzadas por las limitaciones de sus propios hijos.

En este capítulo, me interesa retomar el concepto de POTENCIAL, que es algo innato al individuo, pero que, en ocasiones, haciendo juicios apresurados, lo olvidamos y podemos tender a catalogar a los pequeños aún sin conocerlos. Sin explorar sus capacidades que quizá están ahí, pero no las vemos.

Por eso *LOS PADRES SON NUESTROS MEJORES ALIADOS*. Ellos los conocen más que nadie, y a mí juicio, ellos deberían estar participando del hecho educativo. La madre o quien lo atiende en casa nos aporta su conocimiento del niño, sus gustos y disgustos, y son ellos quienes reafirmarán en casa la experiencia escolar.

Así las tres partes, madres, educadores y equipo de apoyo, tendremos más éxito y los pequeños nos verán como su familia extendida. De igual manera, el médico, el terapista físico, el de lenguaje, etcétera, serán nuestros grandes aliados a la hora de elegir qué programa conviene en ese momento más a nuestro pequeño alumno, y cuál será el camino más corto y seguro hacia el éxito.

En el caso que he puesto de ejemplo, quizá el daño que esta pequeña sufrió al nacer no le haya permitido caminar, brincar o manipular objetos, pero su cerebro estaba listo para aprender cosas del mundo real y disfrutarlas.

Y eso será posible cuando, como grupo, maestros, especialistas y familiares, estemos empeñados en no dejar que su potencial de inteligencia se pierda, sino que sea una forma de disfrutar su vida y conocer el mundo.

Además de sentirse reconocida y apreciada por la sociedad, no por sus limitaciones, sino por sus logros y su valor como ser humano. Con capacidades diferentes, sí, pero… *¿Acaso no nos pasa lo mismo a todos?*

Otro caso que viví recientemente fue el de un pequeño con espectro autista, integrado a la escuela regular en el grupo donde acudía mi nieta.

Conocí a su tía, que apoyaba a la escuela en el comedor junto a otras voluntarias como yo, al que los niños asistían como parte de los programas del Estado.

Creo que ella lo hacía, además de ser muy solidaria con la escuela, con objeto de estar presente si este pequeño sufría alguna crisis.

Y conocí su caso por la dificultad que el niño estaba presentando dentro del aula, según me contaba mi nieta.

Gritaba, tiraba sus útiles y alteraba la tranquilidad de todos. No se integraba en horas de recreo, hasta que un día no lo vi más.

No sé si fue decisión de los padres o de la escuela, que tenía un aula de USAER (Unidad de Servicios de Apoyo a la Escuela Regular), con el equipo de apoyo indispensable para atender la integración de niños con necesidades especiales.

No supimos más del pequeño hasta después de un año o dos, cuando mi nieta me comentó que su amigo estaba estrenando una película en la que había participado, representando a un autista, y que se había hecho una premier en nuestra ciudad, a la que acudieron sus familiares y algunos de los amigos de la escuela.

Me mostró un video en donde el niño, al terminar la película, agradece a todos sus invitados por acudir al estreno.

Quien vio ese video pensaría que el niño era solo un buen actor. Se comunicó adecuadamente con el público; dio su mensaje sin leer, calmado y sin titubeos…Y yo me pregunté con un poco de tristeza.
¿Qué vieron esos productores en Sergio, que la escuela no?

Te recomiendo que veas la película y/o las entrevistas que le han realizado; se filmó en el 2023, se llama "Lo que dice el corazón".

Creo que, a pesar de haberse legislado hace ya muchos años, esta pretensión de la ***inclusión educativa no ha tenido el éxito deseado en la práctica.***

Y eso, a mi juicio, podría deberse a que no se ha fortalecido el enlace entre los niveles educativos.

Los niños que vienen de Educación Especial a la escuela regular, llegan muchas veces sin experiencia escolar específica que les evite fracasar casi antes de llegar.

Y esta cadena de fracasos no solo abarca a la familia del menor sino también a los maestros a los que llegan canalizados estos niños, y sobre todo al equipo de Educación Especial, que a mi juicio debe estar en el aula prioritariamente, en vez de llenando toneladas de documentos que conforman el expediente del niño y que nadie lee, por falta de tiempo.

Adecuar las condiciones de la escuela regular a la llegada de niños especiales, debería llevar un trabajo previo, que incluya la sensibilización y apoyo de toda la plantilla escolar incluyendo intendentes, e incluso algunas madres voluntarias que pudieran permitir al recién ingresado y a su grupo un descanso o cambio de actividad fuera del aula, un libro, un paseo por la escuela, un aula acogedora y tranquila donde pueda cambiar de actividad o recibir una explicación más personal de lo que ha dicho el maestro, o algún ejercicio en el que el niño se sintió frustrado, pero que con la ayuda de su mamá, pudiera llegar a ser más asequible.

Mi opinión es que dejamos fuera uno de nuestros mejores elementos: Las madres de familia. Cuántos problemas nos ahorraríamos, no solo de un posible accidente, sino hasta legales como los que existen hoy en día, si solo tuviéramos a las madres como nuestras aliadas naturales, en vez de cerrarles las puertas de las escuelas.

En el CAPÍTULO 4 les comento un ejemplo que pudiera ser más ilustrativo de preparación de un niño autista, pero que puede abarcar a otros niños, antes de entrar a la escuela regular y que involucra a los maestros de Educación Especial o de USAER.

Es decir, tender puentes, crear las condiciones óptimas para que el niño llegue a su nueva escuela y se sienta como otro niño más.

Capítulo 9. La otra integración: Una vista al futuro. *La comunidad como agente de cambio, colaborando con los jóvenes para el futuro inclusivo para todos.*

Unos meses después de haberme jubilado, tocaron a mi puerta varias personas a quienes tenía tiempo de no ver. Los papás de mi alumno Dany, del Centro de Intervención Temprana, y dos o tres madres de familia que conocí desde mi primer trabajo en la Primaria Especial. Para ese tiempo Dany tendría ya 18 años.

Nos saludamos y abrazamos con cariño, y los invité a pasar. Después de unos minutos, conversando del pasado y recordando anécdotas de aquellos tiempos, los padres de Dany se pusieron serios y empezaron a plantearme lo siguiente:

Sus hijos habían egresado de la escuela primaria especial y su opción era llevarlos al Centro de Capacitación Laboral para jóvenes con discapacidad intelectual.

Este Centro, también construido por el Comité de Damas y el Gobierno Federal, está muy bien equipado con diferentes talleres y se capacita a los jóvenes para que tengan opción de participar en el ambiente laboral de la comunidad y con tal motivo fue construido colindando con uno de los parques industriales más importantes de la zona.

Sin embargo, estos padres que estaban frente a mí pensaban que, en el caso de sus hijos, eran tantas las limitaciones, tanto mentales como físicas, que difícilmente podrían incorporarse al área laboral y estaba fuera de sus planes que continuaran allí.

Me recordaron lo que yo ya sabía. Había daños físicos, de movilidad, de debilidad muscular, de atención, cardiacos, alergias, etcétera.

Eran alrededor de 10 a 12 jóvenes; ellos, los padres, me propusieron buscar los espacios si yo hacía el programa y, obvio, sería la maestra.

Mis clases de piano, de modelado en barro, de pintura, mis viajes, mis nietos, todo quedó pendiente por este nuevo sueño.
Mi única condición: Sería temporal.

Nos reunimos varias veces para conocer su sentir en cuanto a la vida que deseaban para sus hijos y cuáles serían los objetivos a perseguir en esa nueva aventura.

En pocas palabras, me dijeron evitar el aislamiento de cada uno de ellos, un lugar donde pudieran convivir, divertirse, tener opciones de actividades entretenidas y, lo mejor, seguir INTEGRADOS al grupo de personas con quienes se identificaban.

Yo les presenté un bosquejo de lo que podíamos hacer. Serían 4 horas, por las tardes, de lunes a viernes, y como no teníamos dinero, podríamos buscar prestadores de servicio en las universidades u otro tipo de centros educativos interesados en apoyarnos.

Los padres, que ya se sabían el caminito, hablaron con el Comité de Damas, y ellas nos consiguieron un espacio educativo, desocupado por las tardes y que contaba con cocina muy amplia, una sala con televisión, un aula con computadoras, un juego de futbolito, pelotas de fútbol y un patio muy grande.

Antes del mes, ya estábamos listos para empezar. Llegaron los jóvenes saludándose con abrazos y gritos de alegría y platicando conmigo, pues ya todos éramos viejos conocidos.

Un tiempo mi hija Anel me acompañó como auxiliar en mi nuevo trabajo, pero al quedar embarazada de su primer hijo, optó por tomarse las cosas con calma, ya que las actividades eran rudas y los estudiantes muy efusivos.

Para mi sorpresa, pronto empezaron a llegar prestadores de servicio de un Centro Universitario, que los papás tramitaron y al primer grupo se asignó la clase de baile.

La primera hora. Con un aparato de sonido que alguien llevó, todos los días eran una fiesta.

Los jóvenes estudiantes eran muy solidarios y empáticos; se integraron al grupo. Y mis alumnos estaban felices.

Les enseñaron a bailar "como bailan los jóvenes" y ellos rápidamente se integraron a la época moderna, pues su maestra bailaba como en los 60s según sus propias palabras.

Teníamos un breve receso y después había clase de computación, para el que quisiera; una chica de una escuela de belleza daba clases a las niñas.

Después había un tiempo libre que la mayoría aprovechaba para platicar, reír, competencias de futbolito, donde yo terminé expulsada por "maleta"; armar rompecabezas y algunos, ocasionalmente, se iban a la zona de mamás, que los esperaban hasta la salida.

Pero el éxito total lo teníamos con la cocina. Una gran amiga también jubilada, la maestra Gloria Ortiz, les enseñó a hacer tortillas de harina, y entonces hacíamos taquitos, de todo.

Alguna mamá también se apuntó con algún platillo fácil y, cuando no había más, yo también ponía mis recetas más exitosas, que no eran muchas.

Al tiempo, mi hija Ivette invitó a unas amigas que estudiaban cocina en una escuela para chefs. Cony y su hija iban una vez por semana, y siempre llevaban los materiales, excedentes de sus clases, lo cual era muy agradecido por todos.

Las Pizzas eran la comida favorita de los estudiantes.
El Día de las pizzas era especial.

Después de preparar lo que iban a ponerle, cada quien preparaba la suya al gusto y las horneaban muy atentos y cuando no iban las maestras, hacíamos algo sencillo e igual llamábamos a las mamás para compartir todos juntos los alimentos.

Tal como les avisé desde el principio, después de tres años dejé ese proyecto al que llamamos Centro Recreativo, y que me había hecho tan feliz. Solo una vez regresé, después de algunos años.

El Comité de Damas, que también apoyó este nuevo proyecto, había reunido, mediante un fideicomiso, suficiente para otorgarle a cada centro alguna área que estuviera necesitando, a nombre de nuestra querida Lupita, hija de nuestra principal benefactora Irma D. de Santana.

A ese evento yo fui invitada y tuve la dicha de recorrer todos los centros educativos que ellas habían creado y sostenido junto con la comunidad de Mexicali desde hacía ya muchos años.

Los jóvenes del centro recreativo estaban felices. Ellos recibieron un comedor, una sala de usos múltiples con espejos y una pérgola donde ese día me rodearon y pasamos mucho tiempo platicando sobre los que ya no estaban, los nuevos que habían llegado y su maestra.

En mi lugar había otra persona, también jubilada, y una auxiliar. Todo bien. Ya tenían 4 aulas, un salón de usos múltiples con espejos, una pérgola con bancas, algunos juegos mecánicos. Un espacio bonito y digno.

Hubiera querido quedarme, pero sabía que aún tenía grandes deudas que pagar con mi propia familia, que tanto me había apoyado, por casi 35 años, y salí de ahí, dejando parte de mi corazón.

Los centros recreativos o estancias de día, o como se nos ocurra nombrarlos, deberían, en mi opinión, ser programas sociales de cada barrio, fomentados por el gobierno, pero con la participación de la comunidad. Universidades donde los estudiantes aporten horas de servicio social, de todo tipo.

Deportistas, cosmetólogos, médicos, normalistas, estudiantes de trabajo social, enfermería, Psicología, y un largo etcétera.

Las posibilidades son infinitas; todos podemos aportar. Padres, vecinos, empresas, instituciones educativas, gobierno federal, estatal, municipal.

Esto es una posibilidad de que tanta inversión educativa no se pierda, y una responsabilidad social.

Tal vez se piense que el dinero es lo más importante al iniciar cualquier proyecto y tal vez lo sea, pero siempre encontraremos personas que quieran colaborar si tenemos una visión clara.

La vida de nuestros adultos con necesidades especiales se vuelve muy difícil para ellos, porque sus padres envejecen, sus hermanos se van y forman una nueva familia, y ellos, como seres sociales que todos somos, necesitan también convivir con personas que compartan sus intereses.

Y no digo con esto que las personas neurodivergentes deban permanecer aisladas de la sociedad. Sino que tengan la opción, el derecho que todos tenemos a convivir con personas que sintamos afines, "¿o no nos pasa eso a todos?".

¿No elegimos a nuestros amigos de acuerdo a nuestra edad, pero también a nuestros intereses y forma de ser?

Sostengo que, igual que cualquier otro ciudadano, tienen derecho a que el Estado les brinde otras opciones.

Terapias del lenguaje si las requieren, terapia física, específicas para sordos, invidentes, etcétera, y también espacios recreativos seguros con amigos que compartan sus mismos intereses. Donde y cuando ellos elijan estar…Como todos los demás.

La felicidad es la medicina del alma, y es algo que todos los seres humanos necesitamos.

Capítulo 10. Celebrando la diversidad: *pasos hacia una educación de calidad.*

Celebrar la diversidad en su trabajo en el aula, tal vez para la mayoría de los jóvenes maestros, sea una utopía. Seguramente para los jóvenes padres de hoy también lo sea.

Pero quienes hemos caminado tantos años como maestros y, en mi caso, como madre, y vemos a la distancia el camino recorrido, entendemos que vivimos en un mundo diverso.

Cada ser humano es diferente a los demás. Físicamente, sus preferencias, su carácter. Su manera personal de ver la vida. Su aspiración a la felicidad. Eso define a la diversidad...Todos diferentes, todos iguales.

Y a los maestros les toca procurar que el aula se vuelva un taller de experiencia para todos.

Si en cada aula y en cada hogar, donde hay un niño neurodivergente, la experiencia es positiva, estaremos mejorando el planeta, y aprendiendo unos de los otros.

Creo también que *la primera condición* que en nuestro hogar o escuela debemos establecer para que esto se dé es el **RESPETO** mutuo...

Si en casa los padres tratan con respeto a sus hijos, también lo harán los hermanos y primos entre ellos mismos.

Si el maestro trata con consideración y respeto a todos sus niños por igual, pero a cada quien le da lo que necesita, ellos se tratarán entre sí de la misma manera.

Tal vez esta será la primera lección que deban recibir los alumnos de la escuela receptora y también la primera condición que el director de la escuela debería pedir a todo su personal.

La segunda consideración, a mi manera de ver, es el AMOR **INCONDICIONAL**. Igual para todos, también para nuestro niño especial; si no podemos dar eso, no tenemos nada que hacer ahí.

Tercera consideración: **FLEXIBILIDAD.**

Así como tenemos niños en ocasiones que no pueden hacer mucho ejercicio físico por alguna lesión cardiaca, debilidad muscular, sangrados frecuentes de su nariz, etc., o deben estar al frente en el aula porque su visión es débil, o están excedidos de peso y requieren un banco más grande, así también nuestro niño neurodivergente necesitará en ocasiones salir del aula si es muy ruidosa o se siente alterado, sin que sea visto como algo "raro".
Sino algo que él necesita en un momento específico del día como cualquier otro compañero de clase.

Y *mi última consideración:* **SOLIDARIDAD**.

Es deseable que el niño sea aceptado en horarios de juego o en actividades de equipo. Siempre que él lo desee.

Eso elevará su autoestima y, si el maestro lo ve como algo deseable en el grupo, todos, al aceptarlo, aprenderán a ser en el futuro mejores personas y mejores ciudadanos.

Queridos lectores, este libro no pretende ser un manual de procedimiento para padres o maestros.

Es solamente el relato personal de alguien que vivió su experiencia desde puntos de vista a veces contrarios. Y que aprendió a entender la vida desde cada posición.

Si algún sentimiento me gustaría dejar en ustedes, es el que maestro y padre no somos opuestos y podremos hacer más por nuestros pequeños, como equipo que en solitario.

Mucho éxito en lo que queda del viaje.

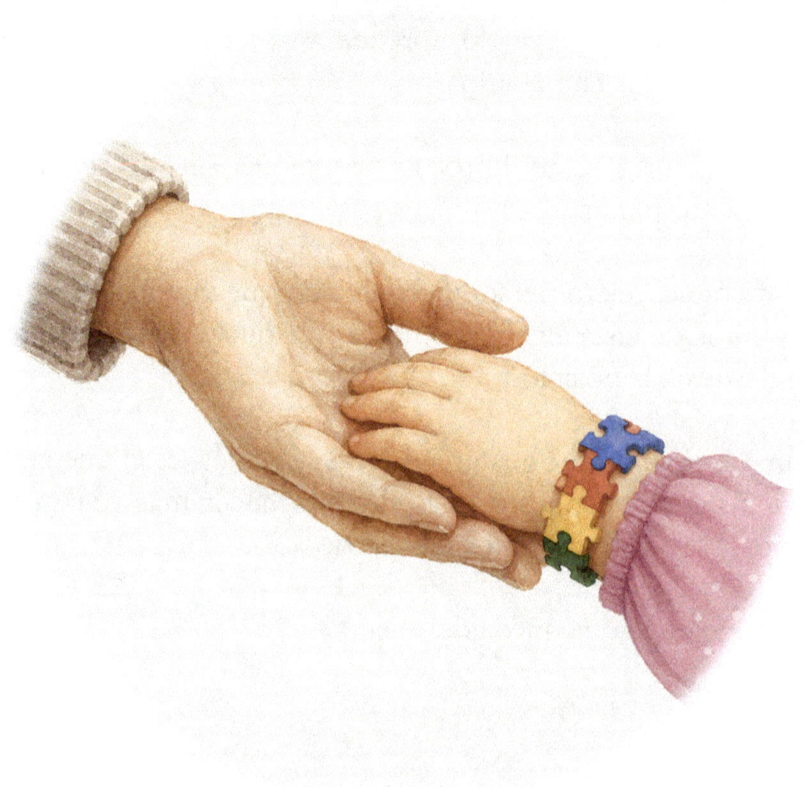

Agradecimientos

A mis hijas Elia Ivette, Patricia y Anel Cristina y los hermosos nietos que me nutren con su amor.

A las mamás que llegaron a mi vida con sus hijos, y me dieron su amistad y confianza.

A la Sra. Irma Derbez de Santana, que entrega día a día su vida a los niños con necesidades especiales, y a su hermosa familia.

Al C.P.R.N.D.M., que hicieron siempre un trabajo incansable en beneficio de nuestros niños.

A mis compañeras de trabajo, a quienes siempre llamaré amigas y que estuvieron dispuestas a emprender nuevos caminos junto a mí, más allá de sus obligaciones laborales.

A mi mentora, Mtra. Elizabeth Rosas, sin cuyo apoyo no hubiera podido ni soñar en escribir un libro. Gracias, Ely.

EN PAZ

Amado Nervo (1870–1919)

Poema de dominio público

Muy cerca de mi ocaso
Yo te bendigo, VIDA
porque nunca me diste ni esperanza fallida,
Ni trabajos injustos ni pena inmerecida.

Porque veo al final de mi rudo camino
Que yo fui el arquitecto de mi propio destino.
Que si extraje la miel o la hiel de las cosas
Fue porque en ellas puse hiel o mieles sabrosas.

Cuando planté rosales, coseché siempre rosas.
Cierto, a mis lozanías va a seguir el invierno
¡Mas tú nunca dijiste que mayo fuese eterno!

Hallé, sin duda, largas las noches de mis penas.
Mas no me prometiste tan solo noches buenas,
Y en cambio tuve algunas santamente serenas.
Amé y fui amado, el sol acarició mi faz
¡Vida, nada me debes! ¡Vida, estamos en paz!

Acerca de la autora
Elia E. Rivera

Maestra jubilada, realizó sus estudios iniciales en la **Escuela Normal para Maestras de Educación Preescolar y Primaria** en Mexicali, Baja California, México, de 1964 a 1968.

Posteriormente, se especializó en educación especial en la **Escuela Normal de Especialización de la Ciudad de México**, obteniendo la licenciatura en Educación Especial para el área de Deficiencia Mental en el año de 1973.

A lo largo de su carrera, fue pionera en la creación de instituciones y programas para la educación y rehabilitación de personas con discapacidad intelectual:

- **1969:** Maestra cofundadora en el *Instituto pro- Rehabilitación del Niño Retrasado Mental.*
- **1987:** Participó en la fundación del *Centro de Intervención Temprana*, el primero de su tipo en el noroeste del país.
- **1992:** Fundadora del *Centro de Intervención Temprana Estatal*, hoy conocido como CAM 6 (Centro de Atención Múltiple).
- **1993:** Impulsó módulos de intervención temprana en colaboración con el *Hospital General de Mexicali* y la *Clínica 31 del IMSS.*
- **2003:** Inició un programa para jóvenes adultos con discapacidad intelectual mediante un centro recreativo.

Su trayectoria refleja un compromiso constante con la inclusión, la educación especializada y el desarrollo integral de niños y jóvenes con discapacidad intelectual, dejando un legado significativo en la región noroeste de México.

Enlaces de contacto con la autora

Email
eliariveravaldez@gmail.com

Captura el código Qr para ingresar al canal de YouTube.

Elia E. Rivera
Mexicali, Baja California, México
Abril, 2026.

www.ingramcontent.com/pod-product-compliance
Lightning Source LLC
LaVergne TN
LVHW020514100826
845148LV00003B/774

* 9 7 9 8 9 0 1 9 6 1 3 1 5 *